AF460008

ESTAMPES

De l'École Française
et de l'École Anglaise

Imprimées en Noir et en Couleur

DESSINS

Lundi 16 Janvier 1893

Sous Presse :

CATALOGUE

D'UNE IMPORTANTE COLLECTION DE

Vignettes

Suites de Gravures, Portraits

DESSINS

COMPOSANT LA COLLECTION DE

M. H. DE G.

La vente aura lieu incessamment

Se faire inscrire pour recevoir le Catalogue

Imp. Pairault & Cie, 3, passage Nollet, Paris.

CATALOGUE

D'ESTAMPES

DE

L'École Française et de l'École Anglaise

du XVIIIe siècle

En Noir et en Couleur

PIÈCES RELATIVES AUX BALLONS

BELLES COLLECTIONS DE PETITS SUJETS GRACIEUX

Pour dessus de Boites, Tabatières et Abat-Jour

VIGNETTES

Pour les Chansons de Laborde, Les Baisers de Dorat, etc.

DESSINS

DONT LA VENTE AUX ENCHÈRES PUBLIQUES AURA LIEU

HOTEL DES COMMISSAIRES-PRISEURS

9, Rue Drouot. — Salle n° 10

Le Lundi 16 Janvier 1893

à 2 heures précises

Exposition Publique, le Dimanche 15 Janvier 1893

de 2 heures à 5 heures

Par le ministère de Me **Maurice DELESTRE**, Commissaire-Priseur,
27, Rue Drouot, 27

Assisté de **M. P. ROBLIN**, Marchand d'Estampes,
65, rue Saint-Lazare, 65

PARIS — 1893

CONDITIONS DE LA VENTE

Elle sera faite au comptant.

Les Acquéreurs paieront *cinq pour cent* en sus des enchères applicables aux frais.

M. P. ROBLIN se réserve la faculté de rassembler ou de diviser les lots, et se charge de remplir les Commissions des personnes qui ne pourraient assister à la Vente.

ESTAMPES

ADRESSES

1 — Adresses anciennes et modernes, titres de livres, fleurons, menus, sujets gracieux : vingt-huit pièces.

Belles épreuves.

2 — Adresses modernes, par Chauvet, Varin, Loizelet et autres ; onze pièces.

Belles épreuves, huit pièces sont avant la lettre.

— Ex libris aux initiales F. R. et avec devise : *Quis hunc impune lacesset.*

Très belle épreuve.

— Ex libris, par Prévost, Ch. Hard, Pasquier et autres ; onze pièces.

Très belles épreuves.

ALIX (P. M.)

— *Charlotte Corday* (Marie Anne), ovale en couleur.

Superbe épreuve, à toute marge.

— *Descartes* (René). — *Mably*, deux portraits en couleur.

Belles épreuves, grandes marges.

— *Molière* (J. B. Poquelin de), en bas une scène de Tartuffe, d'après Garneray, in-4 en couleur.

Superbe épreuve, très grandes marges.

— *Voltaire* (F. M. Arouet de), d'après Garneray,

Belle épreuve en couleur.

ANONYME

9 — *Louis de Bade* (Le prince), in-8 en pied.

Belle épreuve. Rare.

10 — Vénus et l'amour, d'après le Titien.

Charmante petite pièce, gravée l'aqua-teinte, avant toute lettre.

BALLONS (Pièces relatives aux)

11 — *Pilâtre du Rozier*. — *Charles*. — Vue de Versailles. — Vue des Brotteaux à Lyon. — Premiers voyageurs aériens allant à contre vent. — Vue de la terrasse de M. Francklin à Passy. — Vue d'Annonay, en Vivaray. — Vue de la plaine de Beuvrie, en Artois. — Vue du champ de Mars. — Vue du château de Douvres. — Vue des Tuilleries, prise de la grande allée. — Vue de Calais. — La Montgolfière : Marie Antoinette. — Sic itur ad Astra. — Vue du Tapis-Vert, prise au-dessus de l'orangerie de Saint-Cloud. — Vue de la prairie de Nesles. Suite de seize pièces in-8.

Très belles épreuves, habilement gouachées au siècle dernier, très rares

12 — *Pilâtre du Rozier* (F.), premier navigateur aérien, in-4 en bistre, par Chapuy.

Très belle épreuve à toute marge.

13 — *Charles* aux Tuilleries, par Miger et Lebeau. — *Joseph et Etienne Montgolfier*, par Will, Legrand et autres; six portraits.

Belles épreuves.

14 — *M. Garnerin*. — *Mrs Sage*. — *Potain* (Le docteur). — *Spencer* (M. Edward). — *Green* (Charles). — M. et Mme *Garnerin*; sept portraits.

Belles épreuves.

15 — Expérience aérostatique, faite à Versailles, le 19 septembre 1793. — Alarme générale des habitants de Gonesse, occasionnée par la chute du ballon aérostatique de M. de Montgolfier; deux pièces faisant pendant, *à Paris chez Lenoir*.

Belles épreuves, marges.

BALLONS (Pièces relatives aux)

16 — Globe aérostatique de MM. Charles et Robert. Au moment de leur départ du Jardin des Tuilleries, le 1er décembre 1793. — Autre vue, prise de pont de la Concorde; deux pièces, *chez Basset.*

Belles épreuves coloriées.

17 — Le moment d'hilarité universelle, ou le triomphe de Charles et Robert, gravé par Bertaux. — Seconds voyages aériens, ou expérience de MM. Charles et Robert, le 1er décembre 1793, gravé par Prévost; deux pièces.

Très belles épreuves.

18 — Expérience de globe aérostatique de MM. Charles et Robert, faite dans le jardin des Tuilleries sur le bassin en face du château, le 1er décembre 1783. in-8, dessiné et gravé à l'eau-forte par Sergent.

Belle épreuve, grandes marges.

19 — Ascended from Ranelagh on Monday, June 28n 1802. With M. Garnerin. — Premier voyage aérien, par Montgolfier, 21 novembre 1783. — Expérience faite à Versailles, le 19 septembre 1783. — Deuxième voyage aérien, par Charles et Robert, etc.; huit pièces, par N. de Launay et autres.

Belles épreuves.

20 — Expérience de la Mongolfière, faite par M. Pilâtre du Rozier, A Versailles, le 23 juin 1784. — Fête du 14 juillet an IX deux pièces, par Basset et Chereau.

Belles épreuves, coloriées.

21 — Grand effroi des habitants de Gonesse. — Seconds voyages aériens de MM. Charles et Robert. — Vue prise du pont Royal, par Chereau. — Vue de la cour des Tuileries, à l'eau-forte, par Duplessis-Bertaux. — Allégorie, gravé en couleur, par Lecœur; quatre pièces.

Belles épreuves.

BALLONS (Pièces relatives aux)

22 — Cartes d'entrée pour les expériences du vaisseau volant de M. Blanchard, le 28 février 1784.

Épreuve portant sa signature autographe.

23 — Ascension du Suffren à Nantes, le 14 juin 1784. — Ballon de fête religieuse; deux pièces.

Belles épreuves.

24 — Aux amateurs de physique. — Le Suffren élevé à Nantes le 14 juin 1784. — Vue d'avant du vaisseau volant. — Remarque sur le ballon aérostique de M. Blanchard. — An Exact. Représentation of M. Garnerin Balloon's... — Parachute Garnerin; sept pièces.

Belles épreuves, quatre sont coloriées.

25 — La quatorzième expérience aérostatique de M. Blanchard à Lille. — Remarque sur le ballon aérostatique de M. Blanchard, — Les hommes volants; 6 pièces. — Figurative représentation of the late Catastrophe. — Essai sur l'art de diriger à volonté la chaloupe. — Vue du passage du cortège de Sa Majesté Louis XVIII. — Expérience de la Montgolfière, faite par M. Pilâtre du Rozier à Versailles, le 23 juin 1784. — Détails géométriques de la machine aérostatique, etc.; quinze pièces.

Belles épreuves.

26 — *M. Blanchard*, gravé par Bock. — Blanchard's 28· farth zu Nürnberg den 12e novembre 1787, par Kutsner. — Description du ballon de M. Blanchard, par Stahl; trois pièces.

Belles épreuves.

27 — La quatorzième expérience aérostique de M. Blanchard, et du chevalier Lépinard. — Entrée de M. Blanchard et du chevalier Lépinard à Lille, le 26 août 1785; deux pièces, par Helman.

Belles épreuves, une est avant la dédicace, à grandes marges.

28 — Explication sur les hommes volants, gravé par Fessard d'après Th. Saint-Aubin. — Alarme générale des habitants de Gonesse; deux pièces.

Belles épreuves.

BALLONS (Pièces relatives aux)

29 — Poisson aérostatique enlevé à Plazantia, ville d'Espagne, le 16 mars 1784. — La Thilorière, ou descente en Angleterre; deux pièces, par Chereau.

Belles épreuves, coloriées.

30 — Vue de la prairie de Nesles. — Deuxième et troisième voyages aériens de MM. Charles et Robert. — Machines aérostatiques, etc.; sept pièces in-8, gravées par Sellier, Vachez et N. de Launay.

Très belles épreuves.

31 — The enterprizing Lunardi's grand air Balloon. — La caisse de ballons ou les commis effrayés. Trois pièces.

Belles épreuves deux sont coloriées.

32 — Revue du général La Fayette, d'une partie de la Garde-Nationale au Champ-de-Mars, le 18 juillet 1790 où devait s'enlever dans les airs un ballon de 26 pieds de diamètre, etc.

Très belle épreuve coloriée.

33 — Vor der Seite des Marsfeldes an 1er Vendémiaire des Iahres VII.

Deux épreuves dont une avant la lettre.

34 — Ascension de Madame Garnerin, le 28 mars 1802.— Entrée de S. M. Louis XVIII à Paris, le 3 mai 1814. Deux pièces.

Bonnes épreuves coloriées.

BARTOLOZZI (Fr.)

35 — *Vincent Lunardi* esqr, his dog and his cat. — Autre portrait d'après Cosway. Deux pièces.

Très belles épreuves, grandes marges.

36 — Ascension de Lunardi, d'après Rigaud.

Superbe épreuve imprimée à la sanguine.

37 — Ex-libris.

Superbe épreuve, toute marge, rare.

BARTOLOZZI (Fr.)

38 — For the Benefit of Mme Rose Didelot, d'après Legoux.

Très belle épreuve, marge.

39 — For the Benefit of M. Giardini, d'après Cipriani.

Belle épreuve, marge.

40 — For the Benefit of Mrs Grassi, d'après Cipriani.

Carte d'entrée, belle épreuve,

41 — Maria, d'après J. H. Benwell.

Tres belle épreuve imprimée en bistre, toute marge.

42 — Serenity, d'après G.-B. Cipriani.

Très belle épreuve imprimée à la sanguine, marges.

43 — Vénus couchée écoutant la musique, d'après Cipriani, billet d'entrée pour un concert.

Très belle épreuve avant la lettre, imprimée en bistre, toute marge.

44 — Vénus couchée. Deux pièces en bistre et à la sanguine.

Belles épreuves, une est avant toute lettre.

BAUDOUIN (d'après P. A.)

45 — Le Carquois épuisé, par N. de Launay.

Superbe épreuve à l'eau-forte pure, marges.

46 — Le léger vêtement, par Chevillet

Très belle épreuve, grandes marges.

BOILVIN (Em.)

47 — Gargantua. Gravé à l'eau-forte.

Belle épreuve avant la lettre sur papier de Chine volant.

BOLT (Fr.)

48 — Danseuse, ovale, 1796.

Très belle épreuve avant la lettre, marges.

BONNART (d'après)

49 — Beauté printannière. — Philis. — Sujets gracieux pour boites et bonbonnières. Douze pièces.

Très belles épreuves.

BONNART (à Paris, chez)

50 — *Mademoiselle d'Armagnac. — Marquise de Béthune. — Duchesse de Bouillon. — Duc de Brunswick. — Princesse de Conty, — Georges de Danemark. — Princesse d'Espinoy. — Marquise de Grancey. — Duchesse de Lesdiguières. — Comte de Luxe. — Duchesse de Nevers. — Marquise de Richelieu. — Duchesse de Roquelaure. — Comtesse de Roure. — Marquise de Lavallière, — Duc de Vendôme, — Duchesse de Villeroy.* Vingt-un portraits.

Très belles épreuves, grandes marges.

BONNET (L.)

51 — Vases de fleurs, d'après Van Spaendonck. Deux pièces en couleur.

Superbes épreuves avant toute lettre, marges.

BOUCHER (d'après Fr.)

52 — L'Aurore et Céphale, par Aug. de Saint-Aubin, in-8, pour l'Ovide 1767.

Très belle épreuve avant la lettre, les noms d'artistes à la pointe.

53 — Jeune homme dessinant. — Jeune femme en extase. — Têtes de Vieillards. Quatre pièces gravées aux trois crayons par Demarteau.

Très belles épreuves.

BOUCHER (Fr.) et **BOSSI** (d'après)

54 — Jupiter et Léda. — Le trait vainqueur. — L'Amour dormant. — Portraits, sept pièces, de petit format.

Belles épreuves.

BOUCHER (Fr.) et **FRANÇOIS** (d'après)

55 — Les Caresses dangereuses.— Le jeune espiègle. Deux pièces faisant pendants.

Belles épreuves à toute marge.

BRETON (à Paris, chez M.)

56 — Et lui non.

Deux épreuves, imprimées en bistre et à la sanguine, marges.

BRYDON (à Londres, chez J.)

57 — Sylvia.

Superbe épreuve imprimée en couleur, grandes marges.

CARDON (H.)

58 — Hébé, d'après Huet, en couleur.

Très belle épreuve, grandes marges.

CARICATURES

59 — Deux pièces en couleur sur les vélocipèdes. Londres 1819.

Épreuves à toute marge

60 — Environ soixante caricatures coloriées de 1810 à 1820 seront vendues par lots.

CHAILLOU (à Paris. chez)

61 — Le Billet rendu. — La Curieuse apperçue. Deux médaillons imprimés en couleur.

Très belles épreuves.

62 — Le Billet rendu.

Superbe épreuve avant la lettre, tirée en sanguine.

CHAPONNIER

63 — Vestale.

Superbe épreuve avant la lettre, imprimée à la sanguine, marge.

CHAPUY (J. B.)

64 — Vue perspective du Champ de Mars, jour du serment civique prononcé par la nation française, assemblée à Paris, le 14 juillet 1790.

Très belle épreuve en couleur.

CHATEAU

65 — *Iris à la faveur de ce déguisement. — Pourquoi le tendre amour... — A me voir j'ai les traits d'une beauté divine. — Quand le masque d'Iris, cachait ses traits divins.* — Suite de quatre pièces, d'après Santerre.

Belles épreuves.

66 — L'Hiver. — Jeune femme cachetant une lettre. — Sujets gracieux. Sept pièces, d'après Santerre et Tournières.

Belles épreuves.

CHEREAU (à Paris, chez)

67 — Le Camouflet. — Rosette et le Docteur. — La Douleur. — Le Bilboquet. — Les Sens. — Les Quatre parties du jour, etc. Treize pièces.

Belles épreuves, grandes marges.

CHEVAUX (d'après)

68 — Le joli nid. — Le bon accord. Deux pièces gravées en couleur, par Bonnet.

Belles épreuves avant la lettre, marges.

CHOFFARD (P. P.)

69 — *Rochefoucault* (Fr. VI, duc de la), in-8 orné, d'après Petitot.

Deux épreuves à toute marge.

70 — Grand cul-de-lampe final, par les Métamorphoses d'Ovide 1767.

Très belle épreuve à toute marge.

71 — En-tête aux armes d'un cardinal 1778. — Cul-de-lampe avec attributs de musique 1781. — Fleuron avec palette, masques de comédie, lauriers et livres, 1771. Trois pièces.

Belles épreuves, en tirage à part, grandes marges.

CLINGSTET (C. G. de

72 — La Naissance de Vénus. — Le Triomphe de Galatée. — Vénus couchée. — Scènes gracieuses. Six pièces.

Très belle épreuve, trois sont avant la lettre.

COCLERS (d'après L. B.)

73 — Amante inconstante, par Claessens.

Très belle épreuve à toute marge.

COCHIN LE FILS (d'après C. N.)

74 — Silvie délivrée par Aminte, gravé par Martini.

Deux épreuves, do t e avant toute lettre, grandes marges.

COYPEL (d'après)

75 — Jeune femme écrivant, par Tardieu. — Zéphire et Flore. — Suzanne et les vieillards. — L'enlèvement d'Europe. Sujets gracieux. Dix pièces.

Très belles épreuves, trois pièces sont avant la lettre.

COYPEL, HUET ET BASSEPORT (d'après)

76 — Le serpent sous les fleurs. — Le lapin Angola. — Le négligé galant. Trois pièces.

Belles épreuves.

DEBUCOURT (P. L.)

77 — La Main, 1788.

Très belle épreuve.

78 — Route de Poissy. — Passez-payez. Deux pièces en couleur.

Belles épreuves.

79 — Le Modèle à Barbe, d'après Carle Vernet.

Très belle épreuve imprimée en bistre.

80 — Cosaque régulier portant des dépêches. — Mameluck. — Rencontre d'officiers anglais. — Persan voulant dompter un cheval Français. Quatre pièces en couleur, d'après Carle Vernet.

Très belles épreuves, grandes marges.

DEBUCOURT (d'après)

81 — La Rose mal défendue, gravé au pointillé et publié chez Depeuille.

Très belle épreuve, marges.

DEMARNE (d'après)

82 — La Promenade du matin, 1806, gravé en couleur, par Morret.

Très belle épreuve, marges.

DESRAIS (d'après C. L.)

83 — La pudeur alarmée, par Mixelle, pièce publiée à Londres, par Vivarès, en couleur.

Superbe épreuve avant la lettre à toute marge.

84 — *Jeannet des Longrois* (M.), docteur Régent de la Faculté de médecine de Paris, gravé à l'aquatinte, par Civil.

Très belle épreuve à toute marge.

DIACRE (à Paris, chez)

85 — Les Quatre parties du jour. — Les Sens. — Les Saisons. Onze pièces, d'après La Rosalba, Santerre et autres.

Très belles épreuves, à toute marge.

86 — Sujets mythologiques, vingt pièces.

Superbes épreuves, la plupart à toute marge.

87 — Pèlerins de l'Isle de Cythère. — Le Bain de Psyché. — Les Eléments. — Sujets gracieux pour dessus de boites et bonbonnières. Vingt pièces.

Très belles épreuves à grandes marges.

DUFLOS (à Paris, chez)

88 — Jupiter et Io. — Vénus en son repos. — Diane. — Vénus dans l'Isle de Cithère, etc.. Neuf pièces.

Très belles épreuves, deux sont avant la lettre.

89 — Sujets gracieux. Vingt-cinq pièces.

Belles épreuves.

90 — Diane au bain. — Jupiter en serpent. — Le Soir. — Les Sens. — Le Repas champêtre. — La Joye, etc. Vingt-six pièces.

Tres belles épreuves, grandes marges.

DIVERS

91 — *Jean de La Fontaine,* par A. de Saint-Aubin, Delvaux, Hopwood, Ingres, etc., dix portraits différents.

Epreuves à toute marge.

92 — Réunion de vignettes pour illustrer les dédicaces et les fables de Lafontaine, par Alès, Cochin, Moreau le jeune et autres, trente-huit pièces.

Très belles épreuves.

93 — Frontispices in-8, d'après Cochin, Marillier, A. Picart, Punt, Chéron et Coypel, pour les fables de Lafontaine, quatorzepi èces.

Belles épreuves, quatre sont avant la lettre.

94 — Réunion de cent-soixante-seize portraits, d'après Petitot, Desrochers, Odieuvre, Gavard, pour illustrer les œuvres de Lafontaine.

Belles épreuves, la plupart a toute marge.

95 — Réunion d'environ douze cents vignettes, fleurons et culs-de-lampes, pour illustrer les Fables de Lafontaine et d'Esope.

Epreuves collées pour la plupart, deux sur la même feuille.

96 — Réunion de vignettes, fleurons et culs-de-lampe, par ou d'après Moreau le jeune, Desenne, Regnault, Marillier. Deveria et autres, pour l'histoire de Psyché ; quarante-neuf pièces.

Belles épreuves, la plupart sont avant la lettre.

ÉCOLE FRANÇAISE DU XVIIIe SIÈCLE

97 — L'amant curieux. — L'amour moissonneur. — L'amour nageur. — La jardinière en repos, etc., six pièces.

Belles épreuves.

98 — Environ deux cents pièces par ou d'après Debucourt, Jazet, Fragonard, etc., imprimées en noir et en couleur, seront vendues par lots.

EISEN (d'après Ch.)

99 — Frontispice des Baisers, gravé par Ponce, 1770.

Très belle épreuve avant la lettre, marges.

100 — En têtes pour l'hymne au Baiser, les 2e, 3e 10e, 13e et 20e ; culs-de-lampe pour le Mois de Mai et les 1er et 16e baisers, en tout neuf pièces.

Superbes épreuve en tirages à part, marges.

101 — En têtes et culs-de-lampe pour différents ouvrages du XVIIIe siècle, huit pièces.

Très belles épreuves en tirages à part.

EISEN (Ch.) et **GRAVELOT** (H.)

102 — Frontispices pour le Boccace 1757. — Lettres en vers. — Iconologie. — Castigata ridendo Mores. — Les Tourterelles de Zelmis. — Zélis au bain. — Théâtre Italien, etc., dix-sept pièces.

Belles épreuves.

EISEN et **MARILLIER**

103 — Vignettes, en têtes de pages et fleurons par Tarsis et Zélie Anacréon, fables de Dorat et autres, sept pièces.

Superbes épreuves en tirages à part à toute marge.

FABER (John)

104 — Shepherdess, d'après Pikering.

Belle épreuve en couleur, marges.

FICQUET (Et.)

105 — *Jean de La Fontaine*, d'après Rigaud, avec la scène du Loup et de l'Agneau.

Belle épreuve dite au Ruisseau blanc, marges

106 — *Prévost* (Antoine-François), d'après Schmidt.

Deux épreuves dont une du premier état, avec l'adresse et avant les retouches.

FICQUET et **SAVART**

107 — *Chaulieu.* — *Prince de Condé.* — *Fénelon.* — *Mme Deshoulières.* — *J.-B. Rousseau*; cinq portraits.

Epreuves avec marges.

FOULQUIER

108 — Suite de cinquante vignettes, têtes de page, dessinées et gravées à l'eau-forte pour l'Edition Mame.

Belles épreuves sur papier de Chine à toute marge.

FRAGONARD (d'après Honoré)

109 — Le Baiser. — L'Inspiration favorable, deux pièces par Halbou et Marchand.

Belles épreuves.

FREUDENBERG (S.)

110 — La Toilette.

Superbe épreuve d'une charmante pièce dessinée et gravée à l'eau-forte par le Maître, petites marges.

FREUDENBERG (d'après S.)

111 — La Visite inattendue, par Voyez l'aîné.

Très belle épreuve avant le numéro, marges.

GAUCHER (C.-S.)

112 — *La Rochefoucault* (Jean VI, duc de), in-18 d'après Petitot.

Très belle épreuve avant la lettre à toute marge.

113 — *Piis* (A.-P.-A. de), in-18.

Deux épreuves à grandes marges.

GIBELIN (A.-S.)

114 — L'Education de l'amour, d'après Maria Campana.

Très belle épreuve, marge.

GREUZE (J.-B.), **LALLIE** (d'après)

115 — La Voluptueuse. — Le Messager fidèle, deux pièces par Gaillard et Halbou.

Belles épreuves.

GUYOT

116 — Vue d'une fabrique gothique. — Vue du temple de la Philosophie moderne. — Vue de la Maison du Vigneron. — Vue du tombeau de J.-J. Rousseau; quatre pièces en couleur.

Belles épreuves.

HENRIQUEL DUPONT

117 — Deux fleurons de titres d'après Desenne pour les fables de Lafontaine, 1819.

Belles épreuves à toute marge.

HOLLAR (W.)

118 — Costumes et portraits de femmes, quatorze pièces.

Très belles épreuves.

HUET (d'après)

119 — La garde fidèle, par Beauvarlet.

Belle épreuve coloriée, marges.

ISABEY (d'après)

120 — Salle d'exhibition de J. Isabey à Londres, gravé par W. Bennett.

Belles épreuves en couleur, marge.

JACOB (à Paris chez)

121 — Léda. — Vénus. — L'Odorat ; sujets galants, neuf pièces.

Belles épreuves, la plupart a toute marge.

JANINET (F.)

122 — *Crillon* (Louis de Berton dit le brave), ovale en couleur, d'après Lebarbier.

Epreuve à toute marge.

123 — Le même portrait.

Très belle épreuve avant la lettre, grandes marges.

124 — *Garrick.— Carlin Bertinazzi.— Sarrazin,*costumes, huit pièces en bistre et en couleur, pour les costumes et annales.

Epreuves avec grandes marges.

JANINET (F.)

125 — L'Offrande à l'Amour, d'après Lagrenée.

Superbe epreuve en couleur avant toute lettre, grandes marges.

126 — La réunion des plaisirs, d'après Leclerc,

Belle épreuve en couleur, petites marges.

127 — Vénus en réflexion, d'après Charlier.

Très belle épreuve en couleur sans marges.

128 — Ire et IIe vues de la Grèce, deux pièces en couleur d'aprés Pernet.

Belles épreuves, marges.

JOHANNOT (Tony)

129 — Douze vignettes et un portrait pour les Œuvres de Lafontaine. Paris, Furne,

Belles épreuves avant la lettre sur papier de Chine à toute marge, dans la couverture imprimée de publication.

LANCRET et **JOULLAIN**

130 — *La Camargo.* — L'Après-dinée. — La Soirée. — L'Été. — L'amour veut m'enchainer. — C'est à vous à qui j'en veux ; sujets gracieux, onze pièces.

Très belles épreuves à grandes marges.

LAVREINCE (d'après N.)

131 — L'accident imprévu. — La sentinelle en défaut, deux pièces faisant pendants, gravées par Darcis (E. B. 1 et 58).

Très belles épreuves, marges.

132 — La Balançoire mystérieuse, par Vidal (9).

Très belle épreuve avant le filet, grandes marges.

133 — Ah ! le joli petit chien. — Le petit conseil, deux pièces faisant pendants, gravées en couleur par Janinet (27 et 48).

Très belles épreuves sans marges.

134 — L'Innocence en danger, par Caquet (31).

Très belle épreuve, marges.

LAVREINCE (d'après N.)

135 — Le lever des ouvrières en modes, par J.-B. Compagnie.

Très belle épreuve avant la dédicace, marges.

136 — Les Nymphes scrupuleuses, gravé par Vidal (42).

Superbe éqreuve avant toute lettre et avant la draperie, grandes marges.

137 — La même estampe.

Très belle épreuve à toute marge.

138 — Les offres séduisantes, par J. L. Delignon (43).

Très belle épreuve, petites marges.

139 — On y va deux, gravé en couleur par Benossi (44).

Superbe épreuve grandes marges.

140 — Le joli chien (E. B. 4) des pièces attribuées à Lavreince.

Superbe épreuve en couleur.

LAVREINCE (attribué à N.)

141 — The Grove. — The Green plot; deux pièces faisant pendants.

Très belles épreuves à toute marge.

142 — Je ne veux pas voir ? Composition ovale imprimée en couleur.

Très belle épreuve.

LEBEAU

143 — *Artois* (comtesse d') d'après J. Ferdinck.

Belle épreuve avant le numéro, marges.

LE BARBIER (d'après)

144 — Incendie de New-York, in-8, par Halbou.

Belle epreuve.

145 — Le mari dupé et content. — La Prudence en défaut; deux pièces faisant pendants, gravées par Patas.

Belles épreuves avant la lettre, coloriées, marges.

LE BARBIER (d'après)

146 — Vue des ruines du Campo Vacino à Rome, gravé en couleur par Mlle Alais.

Très belle épreuve, marges.

LEFÈVRE (d'après)

147 — Onze vignettes, par Don Quichotte, et les Aventures de Télémaque.

Belles épreuves avant la lettre, quatre sont à l'eau-forte pure.

LEPRINCE (d'après)

148 — The welcome neeos, en couleur par L. Marin.

Belle épreuve.

LEVACHEZ

149 — Oh! c'est bien ça, gravé en couleur, d'après Carle Vernet.

Très belle épreuve, grandes marges.

MALLET (d'après)

150 — Chit chit!.... gravé par Copia.

Très belle épreuve à toute marge.

MARIETTE (à Paris chez)

151 — *Duc d'Anjou. — Duchesse d'Aumont. — Duc de Berry. — Marquis de Beuvron. — Mlle de Chartres. — Electrice de Hanovre. — Duchesse d'Humières. — Mlle de Lillebonne. — Duchesse de Mantoue. — Duc de Montmorency. — Orléans (Mlle de Blois). — Reine de Pologne. — Mlle de Pons. — Duchesse de Portsmouth. — Duchesse de Ventadour* seize portraits.

Très belles épreuves, marges.

152 — Sujets galants et gracieux; sept pièces, d'après Cotelle et autres.

Belles épreuves,

MARILLIER (d'après)

153 — Frontispice des Fables de Dorat. — Fleuron de titre avec portrait de J. Lafontaine. — La vérité et la fable ; quatre pièces, pour les Fables de Dorat.

Très belles épreuves, le fleuron est en tirage à part.

154 — Frontispice pour le Parnasse des dames, gravé par E. de Ghendt.

Superbe épreuve avant la lettre, toute marge.

155 — Suite de un portrait par Ficquet et soixante-dix-sept figures in-8, pour les œuvres de l'abbé Prévost.

Très belles épreuves du 1er tirage, à grandes marges.

156 — Suite de cent figures in-8, pour les Voyages imaginaires, et l'Histoire des voyages.

Très belles épreuves du 1er tirage, à grandes marges.

MARILLIER, MOREAU LE JEUNE & MONNET

157 — Frontispices pour le Parnasse des dames. — Mélanges, par Dorat, — Idylles de Saint-Cyr. — Les Sens. — Les Amours de Mirtil. — Mes nouveaux torts. — Les A-propos de Société, etc. onze frontispices.

Très belles épreuves à toute marge.

MARTIAL

158 — Quatorze compositions gravées à l'eau-forte pour faire suite aux soixante planches, gravées d'après Fragonard.

Epreuves d'artiste sur papier Van Gelder, à toute marge,

MASQUELIER (L. L.)

159 — *La Borde* (Jean-Benjamin de), d'après Denon 1774.

Superbe épreuve du *portrait à la Lyre*, grandes marges.

MIXELLE

160 — Les Vendanges, gravé à la sanguine.

Très belle épreuve, marges.

MONDHARE (à Paris chez)

161 — La Vivandière. — L'Ivrognesse. — Le Miroir curieux. — Le Clystère ; quatre pièces.

Belles épreuves, grandes marges.

MONSALDY

162 — *Mme Dugazon*, d'après Isabey.

Belle épreuve en couleur, petites marges.

MOREAU LE JEUNE (J. M.)

163 — *Vignettes pour les Chansons de Laborde.* — Le déclin du jour (3).

Très belle épreuve avant la lettre, grandes marges.

164 — Les Plaisirs du Printemps (5).

Superbe épreuve avant la lettre, à toute marge.

165 — Le Ruisseau (7).

Très belle épreuve avant la lettre, marges.

166 — La Toilette (8).

Superbe épreuve à l'eau-forte pure, marges.

167 — La Fille obéissante (9).

Très belle épreuve avant la lettre, grandes marges,

168 — L'ombre d'Eglé (10).

Superbe épreuve avant la lettre, grandes marges.

169 — La Soirée de Village (16).

Superbe épreuve avant la lettre, grandes marges.

170 — L'Amant guéri (18).

Très belle épreuve, avant la lettre, grandes marges.

171 — La Foire de Gonesse (21).

Superbe épreuve avant la lettre, à toute marge

172 — Plus de peur que de mal (23).

Très belle épreuve avant la lettre, marges.

MOREAU LE JEUNE (J.-M.)

173 — *Dumont* (Gab.-Martin). d'après Kucharsky.

Belle épreuve à toute marge.

174 — Les Grâces, Titre, in-8, 1769.

Superbe épreuve à toute marge.

MOREAU LE JEUNE (d'après J.-M.)

175 — Donation du Dauphiné à la France, par N. Le Mire.

Belle épreuve en tirage à part, marges.

176 — Fables causides de Lafontaine eu bers gascouns. — Portrait de J. de Lafontaine, deux pièces par N. Le Mire.

Superbes épreuves, grandes marges.

177 — Le Gateau des Rois, par N. Le Mire.

Deux épreuves in-8· et in-4.

178 — Suite de vingt-cinq figures in-8 dont un portrait pour les œuvres de Lafontaine, Édition de 1814.

Belles épreuves anciennes à toute marge.

179 — La même collection.

Superbes épreuves avant la lettre à toute marge, deux planches sont doubles avec des différences, ensemble 27 pièces.

180 — Le Misanthrope, par A.-J. Duclos, 1773.

Superbe épreuve avant la lettre, marges.

MOREAU LE JEUNE (J.-M.) **COCHIN** (d'après)

181 — Trois figures in-4, pour Psyché.

Très belles épreuves avant la lettre, grandes marges.

NUTTER (W.)

182 — The Wandering Nymph, d'après Shelly.

Très belle épreuve en bistre, toute marge.

PAROY (Comte de

183 — Nymphes et Satyres. — Les Saisons. — Deux pièces imprimées en bistre.

Belles épreuves à toute marge.

PERCIER (d'après)

184 — Suite de douze planches en travers pour les Fables de Lafontaine. Édition Didot.

Très belles épreuves du premier tirage à toute marge.

PERELLE

185 — Vues, monuments et paysages. Huit pièces.

Belles épreuves, deux sont avant toute lettre,

PETIT

186 — *La Fontaine Solaire de la Boissière* (Marie-Gabrielle de) d'après M.-Q. de La Tour.

Superbe épreuve à toute marge.

PICARD (Bernard)

187 — Dame de qualité en écharpe. — Dame de qualité en habit d'Esté. — Fille de qualité de Frankfort. — Oublieur de la Ville de Paris. — Sœurs de Charité, etc. Sept costumes en pied.

Très belles épreuves, grandes marges.

188 — Frontispices, Culs-de-lampe, Fleurons. Dix-huit pièces.

Très belles épreuves, les fleurons sont en tirage à part à toute marge.

PICART (d'après Bernard)

189 — Vignettes, Fleurons et Frontispices. Vingt-quatre pièces.

Très belles épreuves.

190 — Sujets galants et gracieux. Vingt-deux pièces.

Belles épreuves à toute marge.

191 — Scènes pastorales. — Sujets mythologiques. Trente-huit pièces.

Très belles épreuves la plupart à toute marge.

POILLY (à Paris, chez de)

192 — Le Jeu de Bilboquet. — La belle Danseuse. — Sujets gracieux. Quinze pièces d'après Courtin, Raoux et Bonnart le fils.

Belles épreuves.

193 — L'heure du Berger. — L'Amour-propre. — Neptune en cheval et Bacchus en raisin. — Les Éléments. — Salmacis et Hermaphrodite. — Jupiter en pluie d'or, etc. Dix-sept pièces de petit format pour dessus de boîtes et de tabatières.

Belles épreuves, grandes marges.

QUEVERDO (d'après F. M.)

194 — Nouvelle du Bien Aimé, par Romanet.

Très belle épreuve avant la dédicace, marges.

RAVENET (F. S.)

195 — Les Saisons. Suite de quatre pièces, d'après Coypel.

Belles épreuves, une pièce est en double, ensemble, cinq pièces.

SAINT-AUBIN (A. de)

196 — *Le Kain*, d'après S. B. Le Noir.

Belle épreuve avant la lettre, marges.

197 — *Moreau le Jeune* (J. M.), d'après Cochin.

Superbe épreuve, toute marge.

198 — *P. Corneille.* — *Crébillon.* — *de Bernis.* — *Horace.* — *de Lorry.* — *Guerrillet.* — *Abel.* — *de Mulcteste.* — *Dumont. Valenciennes.* Dix portraits.

Belles épreuves, quatre sont avant la lettre grise.

199 — Médaille de Représentant du Peuple, d'après Regnault. (E. B. 1325).

Très belle épreuve du premier état avant les changements, marge, rare.

SAINT-AUBIN (A. de) et **LEBARBIER**

200 — Trois-culs-de lampe pour ouvrages de la fin du XVIIIe siècle.

Superbes épreuves en tirages à part, toute marge.

SAINT-QUENTIN (d'après)

201 — Diane endormie, par Littret.

Belle épreuve, marges.

SAUGRAIN (Elise)

202 — La Cascade du bois de Boulogne, d'après L. G. Moreau, 1785.

Très belle épreuve avant la lettre, les noms des artistes gravés à la pointe, marges.

SAVART (P.)

203 — *Jean de La Fontaine*, in-8.

Très belle épreuve, marges.

SCHENAU (d'après)

204 — Le Miroir cassé, par Chevillet.

Belle épreuve.

SCHMIDT (G. Fr.)

205 — *Madame Schmidt*, assise et cousant, gravé par son mari, 1753.

Superbe épreuve, marge.

SERGENT (A. F.)

206 — *Forbin* (Claude, comte de), chef d'escadre. Ovale en couleur.

Belle épreuve à toute marge.

207 — Trois petites vues de la Cathédrale de Chartres. — L'Assomption. Quatre pièces.

Belles épreuves.

SERRIE (de la)

208 — Psyché sur le Rocher, in-8, 1818.

Très belle épreuve, grande marge.

209 — La Charité Romaine. — Les Saintes Femmes. — Mort de M. R. C. V. de la Serrie dame des Moulières. — Cicéron ou l'Etude. Quatre pièces gravées à l'eau-forte, en 1812 et 1815.

Très belles épreuves à toute marge.

STOTHART et **TESTOLINI**

210 — L'amour pris au piège. — Scène de Shakespeare. Deux pièces, imprimées à la sanguine.

Belles épreuves avant la lettre, grandes marges.

SUJETS A TABATIÈRES

211 — Vingt-huit pièces. Sujets gracieux : Vénus, Scènes familiales, Sujets mythologiques, etc.

Très belles épreuves,

212 — Huit médaillons coloriés de l'époque du Directoire : Incroyables, Costumes, Caricatures, etc.

Belles épreuves.

TELLIOB

213 — The Fair Florist.

Très belle épreuve imprimée à la sanguine, marges.

TROUVAIN (à Paris, chez)

214 — *Duc d'Albret. — Duc d'Anjou. — Duchesse de Bouillon. Duc de Bourbon. — Duc de Bourgogne. — Electeur de Brandebourg et son épouse. — Duchesse de Chartres. — Duc de Chaunes. — Princesse de Conty. — Duchesse de Foix. — Prince Georges de Danemark. — Duchesse de Lafeuillade. — Duchesse de Lauzun. — Louis XIV. — Duchesse de Lude. — Mme de Ludre. — Mademoiselle. — Comtesse de Mailly. — Duc du Maine. — Madame Palatine. — Le Roy de Portugal. — Duchesse de Savoye. — Madame de Seignelay. — Philippe de Vendôme.* Vingt-sept portraits en pied.

Tres belles épreuves, grandes marges.

VOISARD (E. Cl.)

215 — L'amour et Pomone, d'après Huet.

Très belle épreuve, avant la lettre, toute marge.

VARIN

216 — *Vinay* (Nicolas Parchape de), Chanoine de Reims, d'après Le Seurre, in-4.

Très belle épreuve.

WARD (W.)

217 — The Gypsey Fortune Teller, à la manière noire, d'après J. Reynolds.

Superbe épreuve, à toute marge.

WATTEAU (Ant.)

218 — Figures de modes, dessinées et gravées à l'eau-forte, par Watteau, et terminées au burin, par Thomassin; suite de dix pièces dont un titre.

Très belles épreuves, marges, le titre est en double état, avec l'adresse de Thomassin et celle de Duchange et Jeaurat; onze pièces.

219 — Quatre planches doubles de la collection précédente.

Superbes épreuves, avant la lettre, à toute marge.

WATTEAU (d'après Ant.)

220 — Figures françaises et comiques, nouvellement inventées, par M. Watteau, peintre du Roy; cinq pièces, par Hecquet, Desplaces et Thomassin.

Titre gravé. — *Mlle Desmares*, jouant le rôle de Pèlerine. — *Poisson* en habit de Paysan. — Demoiselle de qualité, coiffée en cheveux. — Officier en surtout.

221 — Assemblée galante, par Le Bas.

Superbe épreuve, grandes marges.

222 — Le bain rustique, par Ant. Cardon.

Très belle épreuve, à toute marge.

223 — Ballet italien. — Concert italien. — Les plaisirs d'Arlequin. — Arlequin Pierrot et Scapin. — Le Dénicheur de moineaux, etc.; onze pièces de petit format.

Très belles épreuves.

224 — Le Bosquet de Bacchus, par C. N. Cochin.

Très belles épreuves, marges.

WILKINSON (R.)

225 — Caristie.

Superbe épreuve, avant la lettre imprimée à la sanguine, toute marge.

WILL (J. G.)

226 — *Prévost* (Antoine-François), in-8.

Très belle épreuve.

WILLE (P. A.)

227 — La curieuse, par Voyer l'aîné.

Très belle épreuve, marges.

DESSINS

BAUDET-BAUDERVAL

228 — *Mme de Thianges. — Ctesse de Grignan. — Le Chevalier de Bouillon. — Mme de La Sablière. — Olympe Mancini. — Marie-Anne Mancini. — D'Hervart,* fermier général. — *Mme D'Hervart;* onze pièces.

A l'aquarelle, et lavis de bistre.

CARÊME

229 — Offrande à Priape.

Plume et lavis d'encre de Chine.

CARÊME (attribué à)

230 — Tête de jeune femme, composition ovale.

Aux trois crayons.

CARMONTELLE

231 — Jeune enfant coiffé d'un chapeau, en médaillon.

Mine de plomb.

COCHIN (N.)

232 — Deux compositions pour l'Arioste.

Au crayon noir.

DESRAIS

233 — Histoire de Geneviève de Brabant, quatre pièces.

Plume et lavis de bistre; ont été gravés.

DEVÉRIA (Attribué à Eug.)

234 — Scènes de Don Quichotte, quatre pièces.

A la plume et au lavis d'encre de Chine.

ÉCOLE ANCIENNE

235 — Vase antique.

Plume et lavis de sépia.

ÉCOLE FLAMANDE

236 — Paysage. — L'Hiver, signé Wickenboom, 1632. — Académie, trois pièces.

A la plume.

ÉCOLE FRANÇAISE DU XVIIIe SIÈCLE

237 — Pastorale. — Jeux d'enfants. — Scène dans un parc, trois pièces.

Au crayon noir, rehaussé de blanc.

238 — Ruines. — Paysage, deux pendants.

A la plume et au lavis d'encre de Chine,

GUDIN (E.)

239 — Porte-drapeau de Grenadiers. — Officier de Voltigeurs, deux pièces faisant pendants.

Aquarelles signées 1822.

ISABEY (attribué à)

240 — Desgenettes, ovale in-8.

A la sépia.

LEPRINCE (J.-B.)

241 — Paysage, composition de forme ronde.

Plume et lavis d'encre de Chine.

LANCRENON (d'après)

242 — Monsieur Salamandre.

Plume et sépia.

PAJOU (attribué à)

243 — Portrait de *Molé*, comédien français, profil, in-4.

Crayon noir.

PARROCEL (attribué à)

244 — Bataille.

A la plume et au lavis de bistre.

PERCIER

245 — Frontons allégoriques sur Napoléon Ier, trois pièces.

Mine de plomb, plume et lavis de bistre.

SAINT-AUBIN (Aug. de)

246 — Gardes françaises et filles attablés.

Au crayon noir.

SAINT-AUBIN (attribué à Aug. de)

247 — L'amour réconciliant deux époux. — Etude de femme assise, deux pièces.

Mine de plomb et lavis de bistre.

SERGENT

248 — Souvaroff, ovale in-8.

Aquarelle.

VERNET (attribué à Joseph)

249 — Paysage. — Marine, deux pendants.

Au crayon noir, rehaussé de blanc sur papier bleu.

250 — Sous ce numéro, environ soixante dessins de l'École Française, seront vendus par lots.

Imp. Pairault & Cie, 3, Passage Nollet. — Paris

www.ingramcontent.com/pod-product-compliance
Ingram Content Group UK Ltd.
Pitfield, Milton Keynes, MK11 3LW, UK
UKHW020513180726
13839UKWH00005B/2050